| | |
|---|---|
| l'école - мәктәп | 2 |
| le voyage - сәяхәт | 5 |
| le transport - транспорт | 8 |
| la ville - шәһәр | 10 |
| le paysage - ландшафт | 14 |
| le restaurant - ресторан | 17 |
| le supermarché - супермаркет | 20 |
| les boissons - эчемлекләр | 22 |
| les aliments - азык | 23 |
| la ferme - ферма | 27 |
| la maison - йорт | 31 |
| la salle de séjour - кунак бүлмәсе | 33 |
| la cuisine - аш бүлмәсе | 35 |
| la salle de bains - ванна бүлмәсе | 38 |
| la chambre d'enfant - балалар бүлмәсе | 42 |
| les vêtements - кием | 44 |
| le bureau - офис | 49 |
| l'économie - икътисад | 51 |
| les professions - профессияләр | 53 |
| les outils - кораллар | 56 |
| les instruments de musique - музыкаль инструментлар | 57 |
| le zoo - зоопарк | 59 |
| les sports - спорт төрләре | 62 |
| les activités - хәрәкәт | 63 |
| la famille - гаилә | 67 |
| le corps - тән | 68 |
| l'hôpital - хастаханә | 72 |
| l'urgence - кичектергесез хәл | 76 |
| la Terre - җир | 77 |
| l'heure - сәгать | 79 |
| la semaine - атна | 80 |
| l'année - ел | 81 |
| les formes - формалар | 83 |
| les couleurs - төсләр | 84 |
| les opposés - капма-каршылыклар | 85 |
| les nombres - саннар | 88 |
| les langues - телләр | 90 |
| qui / quoi / comment - кем / нәрсә / ничек | 91 |
| où - кайда | 92 |

Impressum
Verlag: BABADADA GmbH, Nedderfeld 112 , 22529 Hamburg
Geschäftsführer / Verlagsleitung: Harald Hof
Druck: Books on Demand GmbH, In de Tarpen 42, 22848 Norderstedt

Imprint
Publisher: BABADADA GmbH, Nedderfeld 112 , 22529 Hamburg, Germany
Managing Director / Publishing direction: Harald Hof
Print: Books on Demand GmbH, In de Tarpen 42, 22848 Norderstedt

# l'école
## мәктәп

- diviser / бүлү
- le tableau / такта
- la salle de classe / сыйныф бүлмәсе
- la cour d'école / мәктәп ишегалдысы
- l'enseignant / укытучы
- le papier / кәгазь
- écrire / язу
- le stylo / ручка
- le bureau de travail / язу өстәле
- la règle / линейка
- le livre / китап
- l'écolier / укучы

le sac d'écolier

букча

la trousse

пенал

le crayon

каләм

le taille-crayon

каләм очлагыч

la gomme à effacer

бетергеч

le bloc de papier à dessin

рәсем ясау өчен альбом

le dessin

рәсем

le pinceau

кисточка

la boîte de peintures

буяулар тартмасы

les ciseaux

кайчы

la colle

җилем

le cahier d'exercices

дәфтәр

les devoirs

өйгә эш

le chiffre

сан

additionner

кушу

soustraire

алу

multiplier

тапкырлау

calculer

исәпләү

la lettre

хәреф

l'alphabet

алфавит

le mot

сүз

le texte
текст

lire
уку

la craie
акбур

la leçon
дәрес

le cahier de notes
сыйныф журналы

l'examen
имтихан

le certificat
диплом

l'uniforme scolaire
мәктәп формасы

l'éducation
мәгариф

l'encyclopédie
энциклопедия

l'université
университет

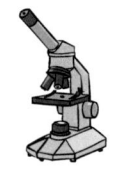
le microscope
микроскоп

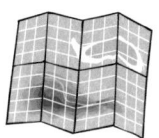
la carte
карта

la corbeille à papier
кәгазь өчен кәрҗин

l'école - мәктәп

# le voyage
## сәяхәт

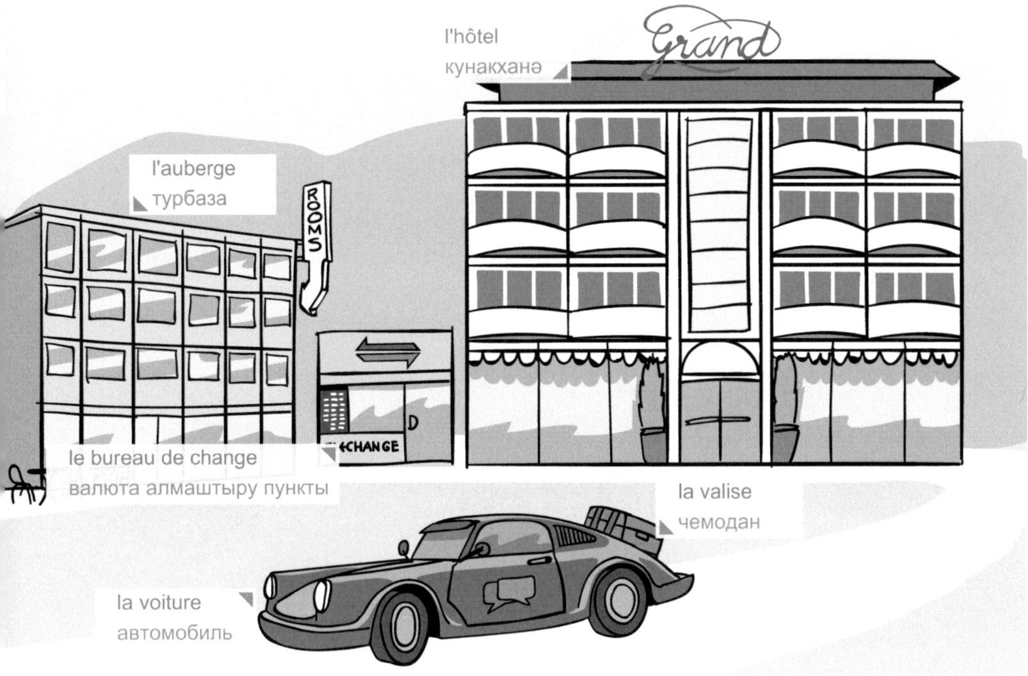

l'hôtel
кунакханә
Grand
l'auberge
турбаза
ROOMS
le bureau de change
валюта алмаштыру пункты
la valise
чемодан
la voiture
автомобиль

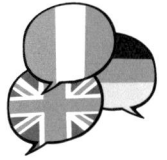

la langue

тел

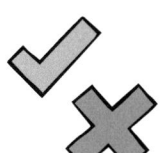

oui / non

әйе / юк

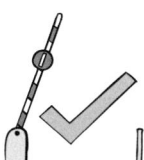

Okay

яхшы

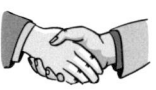

Allo!

сәлам

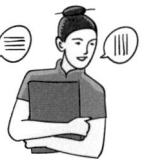

le traducteur

тәрҗемәче

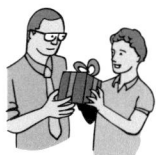

Merci

Рәхмәт

Combien coûte...?

Күпме тора...?

Je ne comprends pas

Мин аңламыйм

le problème

проблема

Bonsoir !

Хәерле кич!

Bonjour !

Хәерле иртә!

Bonne nuit !

Тыныч йокы!

bye bye

хушыгыз

la direction

юнәлеш

les bagages

багаж

le sac

букча

le sac à dos

рюкзак

l'invité

кунак

la pièce

бүлмә

le sac de couchage

йоклар өчен капчык

la tente

палатка

le bureau d'information touristique

туристик мәгълумат

la plage

пляж

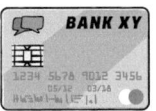

la carte de crédit

кредит картасы

le déjeuner

иртәнге аш

le dîner

төш

le souper

кичке аш

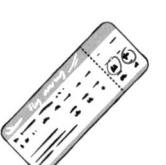

le billet

билет

l'ascenseur

лифт

le timbre

почта маркасы

la frontière

чик

la douane

таможня

l'ambassade

илчелек

le visa

виза

le passeport

паспорт

le voyage - сәяхәт

# le transport
## транспорт

le navire
кораб

l'avion
очкыч

le camion d'incendie
янгын автомобиле

le camion
йөк машинасы

l'autobus
автобус

le bateau à moteur
моторлы көймә

la voiture
автомобиль

le vélo
велосипед

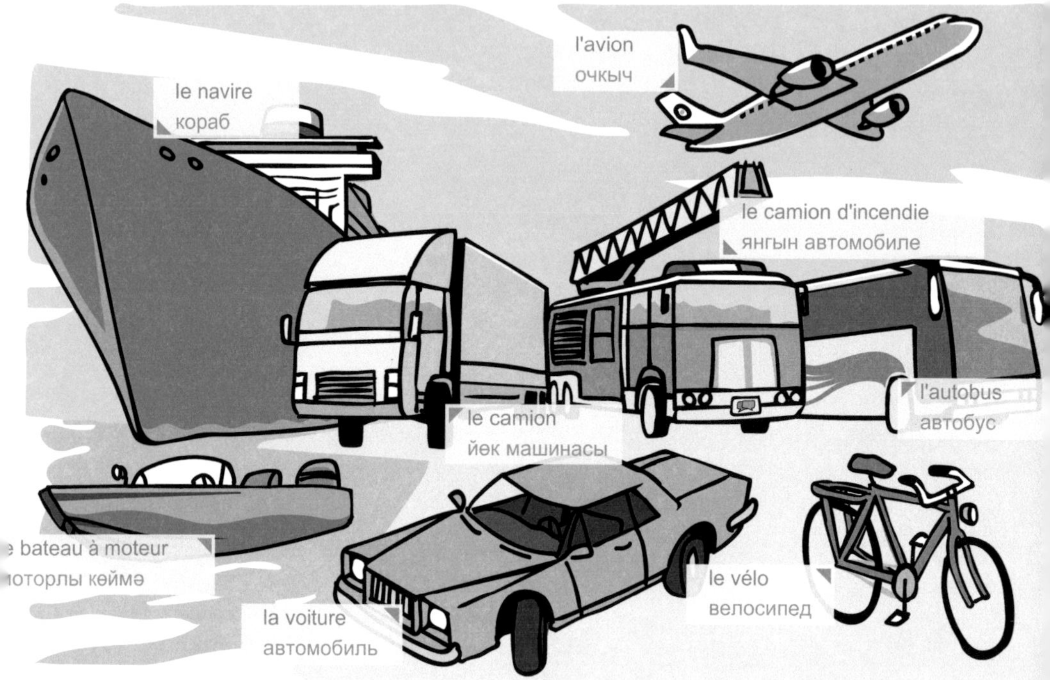

le traversier

паром

le bateau

көймә

la motocyclette

мотоцикл

la voiture de police

полиция автомобиле

la voiture de course

узыш автомобиле

la voiture de location

вакытлыча алып торган автомобиль

le transport - транспорт

l'autopartage

Автомобильләр белән уртак файдалану

la dépanneuse

буксирлау автомобиле

le camion à ordures

чүп ташучы

le moteur

двигатель

le carburant

ягулык

la station-service

заправка

le panneau de signalisation

юл билгесе

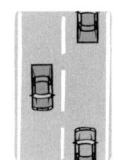

la circulation

хәрәкәт

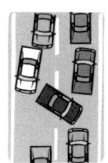

l'embouteillage

бөке

le parc de stationnement

автомобиль тукталышы

la gare

вокзал

les voies ferrées

рельслар

le train

поезд

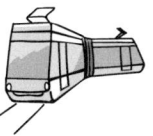

le tramway

трамвай

le wagon

вагон

le transport - транспорт

l'hélicoptère

вертолет

l'aéroport

аэропорт

la tour

каланча

le passager

юлчы

le conteneur

контейнер

la boîte en carton

тартма

le chariot

арба

le panier

кәрзинкә

décoller / atterrir

очу / җиргә төшү

## la ville
## шәһәр

le village

авыл

le centre-ville

шәһәр үзәге

la maison

йорт

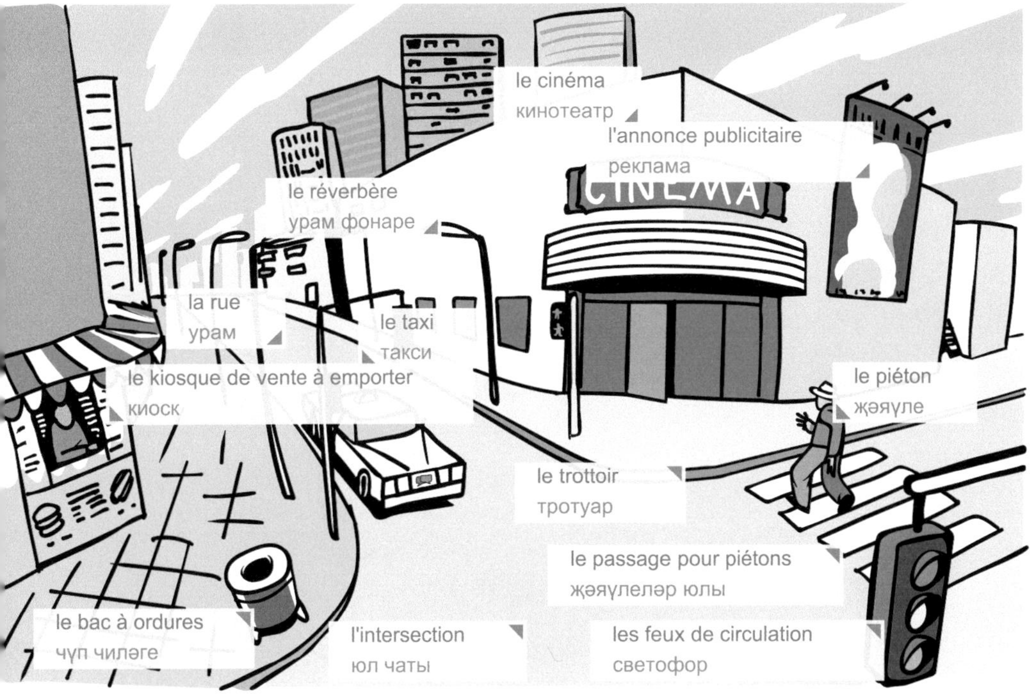

le cinéma
кинотеатр

l'annonce publicitaire
реклама

le réverbère
урам фонаре

la rue
урам

le taxi
такси

le kiosque de vente à emporter
киоск

le piéton
җәяүле

le trottoir
тротуар

le passage pour piétons
җәяүлеләр юлы

le bac à ordures
чүп чиләге

l'intersection
юл чаты

les feux de circulation
светофор

la cabane

алачык

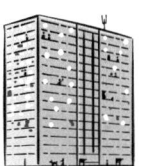

l'appartement

фатир

la gare

вокзал

l'hôtel de ville

ратуша

le musée

музей

l'école

мәктәп

la ville - шәһәр

l'université

университет

la banque

банк

l'hôpital

хастаханә

l'hôtel

кунакханә

la pharmacie

даруханә

le bureau

офис

la librairie

китап кибете

le magasin

кибет

le fleuriste

чәчәк кибете

le supermarché

супермаркет

le marché

базар

le grand magasin

универмаг

la poissonnerie

балык кибете

le centre commercial

сәүдә үзәге

le port

порт

la ville - шәһәр

le parc

парк

le banc

эскәмия

le pont

күпер

les escaliers

баскыч

le métro

метро

le tunnel

тоннель

l'arrêt d'autobus

автобус тукталышы

le bar

бар

le restaurant

ресторан

la boîte à lettres

почта тартмасы

la plaque de rue

урам исеме язылган такта

le parcomètre

паркометр

le zoo

зоопарк

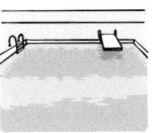

les bains publics

бассейн

la mosquée

мәчет

la ville - шәһәр

la ferme
ферма

la pollution
әйләнә-тирә мохитне пычрату

le cimetière
зират

l'église
чиркәү

l'aire de jeux
балалар мәйданчыгы

le temple
гыйбадәтханә

## le paysage
## ландшафт

la feuille
бит

le panneau indicateur
юл күрсәткече

le chemin
юл

le pré
болын

la pierre
таш

l'arbre
агач

le randonneur
сәяхәтче

la rivière
елга

l'herbe
үлән

la fleur
чәчәк

la vallée
үзән

la colline
тау

le lac
күл

la forêt
урман

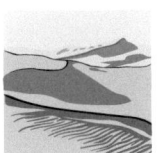
le désert
чүл

le volcan
вулкан

le château
йозак

l'arc-en-ciel
салават күпере

le champignon
гөмбә

le palmier
пальма

le moustique
черки

la mouche
чебен

la fourmi
кырмыска

l'abeille
корт

l'araignée
үрмәкүч

le paysage - ландшафт

le scarabée

коңгыз

la grenouille

бака

l'écureuil

тиен

le hérisson

керпе

le lièvre

куян

la chouette

ябалак

l'oiseau

кош

le cygne

аккош

le sanglier

кабан дуңгызы

le cerf

болан

l'orignal

поши

le barrage

буа

l'éolienne

жил генераторы

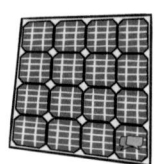

le panneau solaire

кояш батареясы

le climat

климат

le paysage - ландшафт

# le restaurant
## ресторан

- le serveur / официант
- le menu / меню
- la chaise / утыргыч
- la soupe / аш
- la pizza / пицца
- la coutellerie / ашханә приборлары
- la nappe / ашъяулык

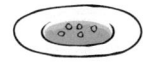

les hors-d'œuvre

кабымлык

le plat principal

төп ашамлык

le dessert

десерт

les boissons

эчемлекләр

les aliments

азык

la bouteille

шешә

la restauration rapide

фастфуд

la cuisine de rue

урам ризыгы

la théière

чәйнек

le sucrier

шикәр савыты

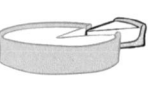

la part

күләм

la machine à expresso

кофе кайнаткыч

la chaise haute d'enfant

балалар урындыгы

la facture

исәпләү

le plateau

поднос

le couteau

пычак

la fourchette

чәнечке

la cuillère

кашык

la cuillère à thé

чәй кашыгы

la serviette

салфетка

le verre

стакан

le restaurant - ресторан

l'assiette

тәлинкә

l'assiette creuse

аш тәлинкәсе

la soucoupe

чәй тәлинкәсе

la sauce

соус

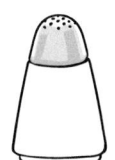

la salière

тоз савыты

le moulin à poivre

борыч ваклагыч

le vinaigre

серкә

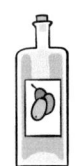

l'huile

сыек май

les épices

тәмләткеч

le ketchup

кетчуп

la moutarde

горчица

la mayonnaise

майонез

le restaurant - ресторан

# le supermarché
## супермаркет

l'offre spéciale
махсус тәкъдим

le client
сатып алучы

les produits laitiers
сөт продуктлары

le chariot
кибеттәге арба

le fruit
җимешләр

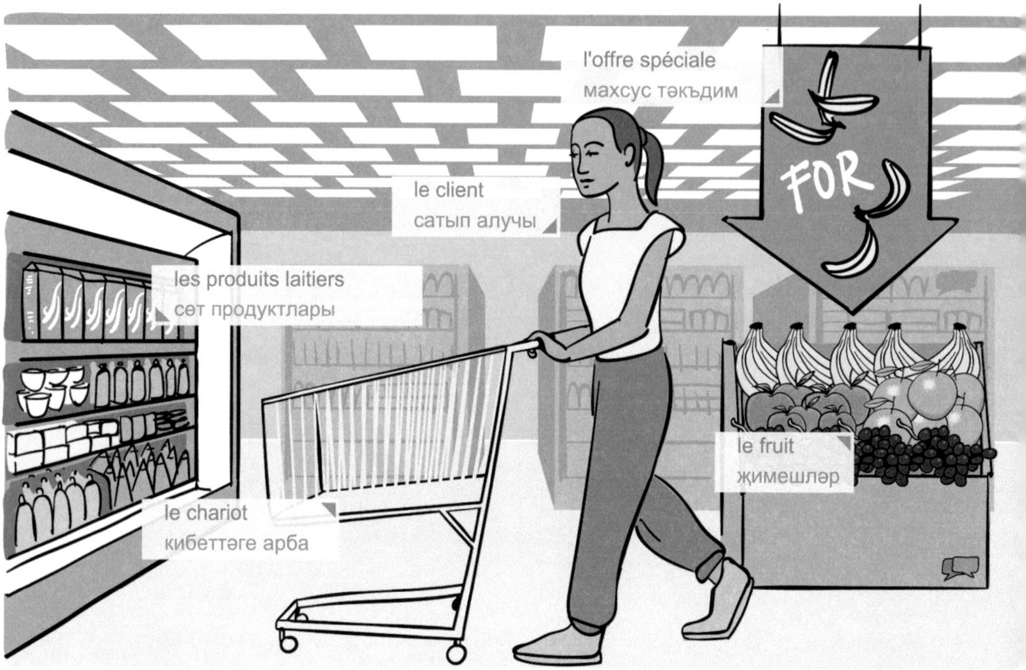

la boucherie

ит кибете

la boulangerie

икмәк пешерү йорты

peser

килү

les légumes

яшелчә

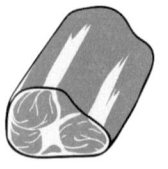

la viande

ит

les aliments congelés

туңдырылган продуктлар

20     le supermarché - супермаркет

les viandes froides

кисәкле ит

les conserves

консервалар

le détergent à lessive en poudre

кер юу порошогы

les sucreries

тәм-томнар

les produits d'entretien ménager

көнкүреш җиһазлары

les produits d'entretien

юу әйбере

la vendeuse

хатын-кыз сатучы

la caisse

касса

le caissier

кассир

la liste de provisions

сатып алган әйберләрнең исемлеге

les heures d'ouverture

эш вакыты

le portefeuille

бумажник

la carte de crédit

кредит картасы

le sac

букча

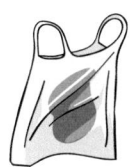

le sac plastique

полиэтилен пакет

le supermarché - супермаркет

# les boissons
## эчемлекләр

l'eau
су

le jus
сок

le lait
сөт

le cola
кока-кола

le vin
шәраб

la bière
сыра

l'alcool
хәмер

le cacao
какао

le thé
чәй

le café
кофе

l'expresso
эспрессо

le cappuccino
капучино

# les aliments
## азык

la banane
банан

la pomme
алма

l'orange
әфлисун

le melon d'eau
карбыз

le citron.
лимон

la carotte
кишер

l'ail
сарымсак

le bambou
бамбук

l'oignon
суган

le champignon
гөмбә

les noix
чикләвекләр

les nouilles
токмач

les spaghettis

спагетти

le riz

дөге

la salade

салат

les frites

чипсы

les pommes de terre sautées

кыздырылган бәрәңге

la pizza

пицца

le hamburger

гамбургер

le sandwich

сэндвич

l'escalope

котлет

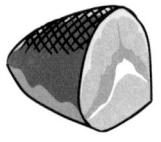

le jambon

ветчина

le salami

салями

la saucisse

сосиска

le poulet

тавык

le rôti

кыздырма

le poisson

балык

les aliments - азык

le gruau d'avoine

солы кисәкләре

le muesli

мюсли

les flocons de maïs

кукуруз кисәкләре

la farine

он

le croissant

круассан

le petit pain

булка

le pain

икмәк

la rôtie

тост

les biscuits

печенье

le beurre

май

le caillé

эремчек

le gâteau

пирог

l'œuf

йомырка

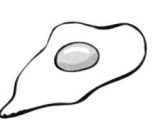

l'œuf miroir

йомырка тәбәсе

le fromage

сыр

les aliments - азык

la crème glacée

туңдырма

le sucre

шикәр

le miel

бал

la confiture

кайнатма

la crème de nougat

шоколадлы паста

le cari

карри

# la ferme
# ферма

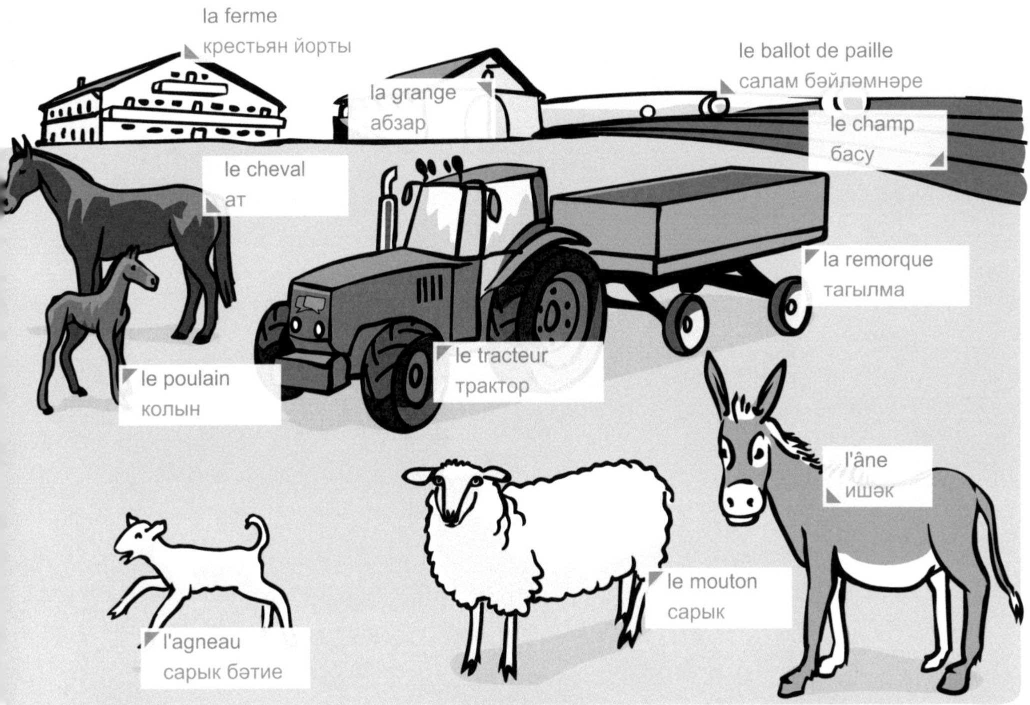

la ferme
крестьян йорты

la grange
абзар

le ballot de paille
салам бәйләмнәре

le champ
басу

le cheval
ат

la remorque
тагылма

le poulain
колын

le tracteur
трактор

l'âne
ишәк

l'agneau
сарык бәтие

le mouton
сарык

la chèvre

кәҗә

la vache

сыер

le veau

бозау

le porc

дуңгыз

le porcelet

дуңгыз баласы

le taureau

үгез

l'oie
каз

le canard
үрдәк

le poussin
чеби

la poule
тавык

le coq
әтәч

le rat
күсе

le chat
песи

la souris
тычкан

le bœuf
эш үгезе

le chien
эт

la niche
эт оясы

le tuyau d'arrosage
бакча шлангысы

l'arrosoir
сусипкеч

la faux
чалгы

la charrue
сабан

la ferme - ферма

la faucille

урак

la binette

китмән

la fourche à foin

тирес сәнәге

la hache

балта

la brouette

кул арбасы

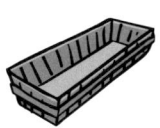

l'auge

тагарак

le pot à lait

сөт өчен бидон

le grand sac

капчык

la clôture

койма

l'écurie

абзар

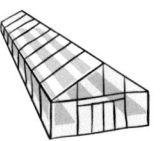

la serre

теплица

le sol

туфрак

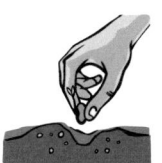

les graines

чәчү

l'engrais

ашлама

la moissonneuse-batteuse

комбайн

la ferme - ферма

récolter

уңыш җыю

la récolte

уңыш

l'igname

ямса

le blé

бодай

le soja

соя

la pomme de terre

бәрәңге

le maïs

кукуруз

la graine de colza

рапс

l'arbre fruitier

җимеш агачы

le manioc

маниок

les grains

иген

# la maison
## йорт

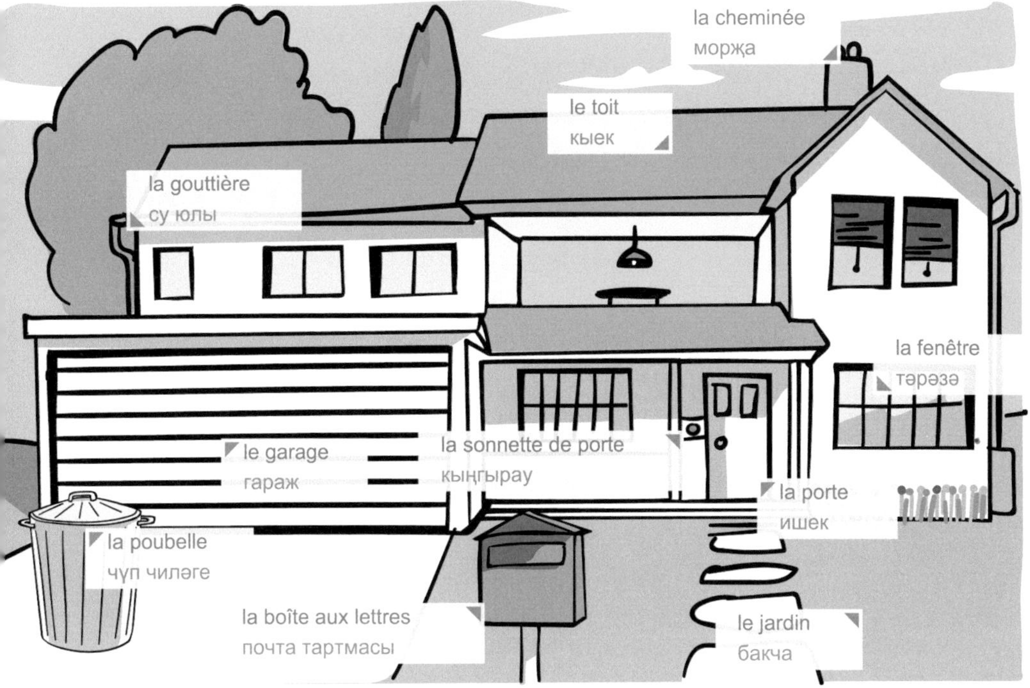

- la cheminée — морҗа
- le toit — кыек
- la gouttière — су юлы
- la fenêtre — тәрәзә
- le garage — гараж
- la sonnette de porte — кыңгырау
- la porte — ишек
- la poubelle — чүп чиләге
- la boîte aux lettres — почта тартмасы
- le jardin — бакча

la salle de séjour

кунак бүлмәсе

la salle de bains

ванна бүлмәсе

la cuisine

аш бүлмәсе

la chambre à coucher

йокы бүлмәсе

la chambre d'enfant

балалар бүлмәсе

la salle à manger

ашханә

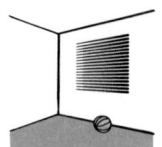

le plancher

идән

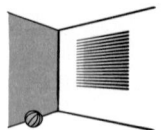

le mur

дивар

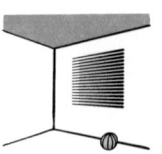

le plafond

түшәм

le cellier

баз

le sauna

сауна

le balcon

балкон

la terrasse

терраса

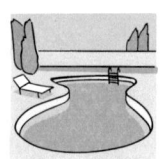

la piscine

бассейн

la tondeuse à gazon

газон чапкыч

le drap

юрган аслыгы

le jeté de lit

япма

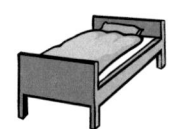

le lit

ка屋ават

le balai

себерке

le seau

чиләк

l'interrupteur

сундергеч

la maison - йорт

# la salle de séjour
## кунак бүлмәсе

- le papier peint / обойлар
- le tableau / рәсем
- la lampe / лампа
- l'étagère / киштә
- l'armoire / шкаф
- le foyer / камин
- la télévision / телевизор
- la fleur / чәчәк
- le coussin / мендәр
- le sofa / диван
- le vase / ваза
- la télécommande / дистанцион идарә иту пульты

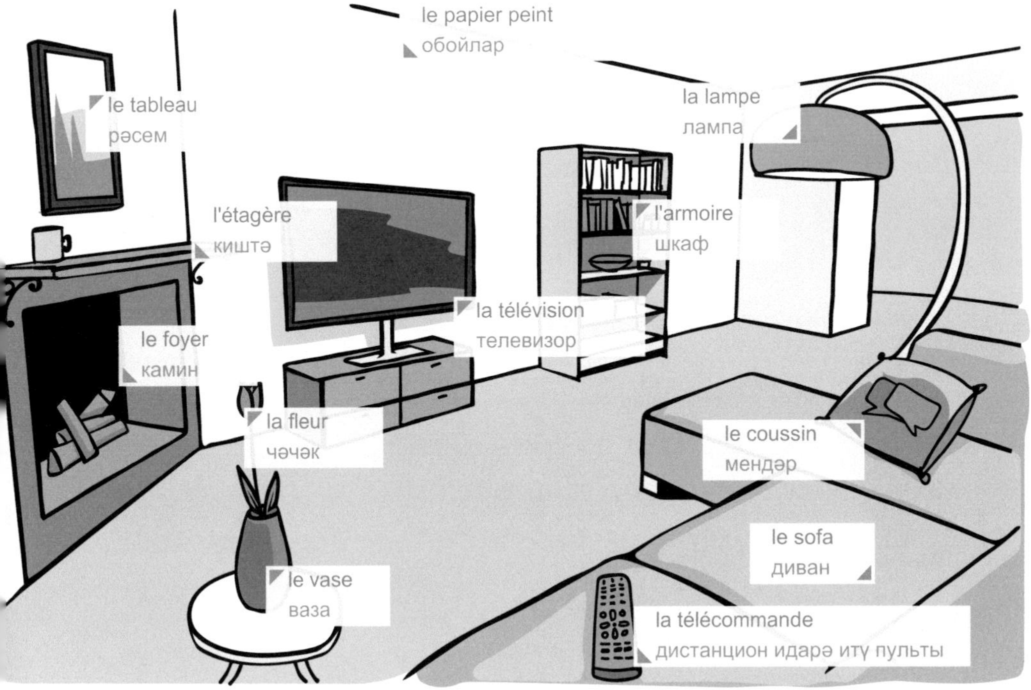

le tapis
келәм

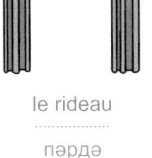

le rideau
пәрдә

la table
өстәл

la chaise
утыргыч

la berceuse
тибрәткеч кәнәфи

le fauteuil
кәнәфи

la salle de séjour - кунак бүлмәсе

le livre

китап

la couverte

япма

la décoration

бизәк

le bois de chauffage

утын

le film

фильм

la chaîne hi-fi

стереосистема

la clé

ачкыч

le journal

газета

la peinture

картина

l'affiche

плакат

la radio

радио

le bloc-notes

блокнот

l'aspirateur

тузан суыргыч

le cactus

кактус

la chandelle

шәм

la salle de séjour - кунак бүлмәсе

# la cuisine
## аш бүлмәсе

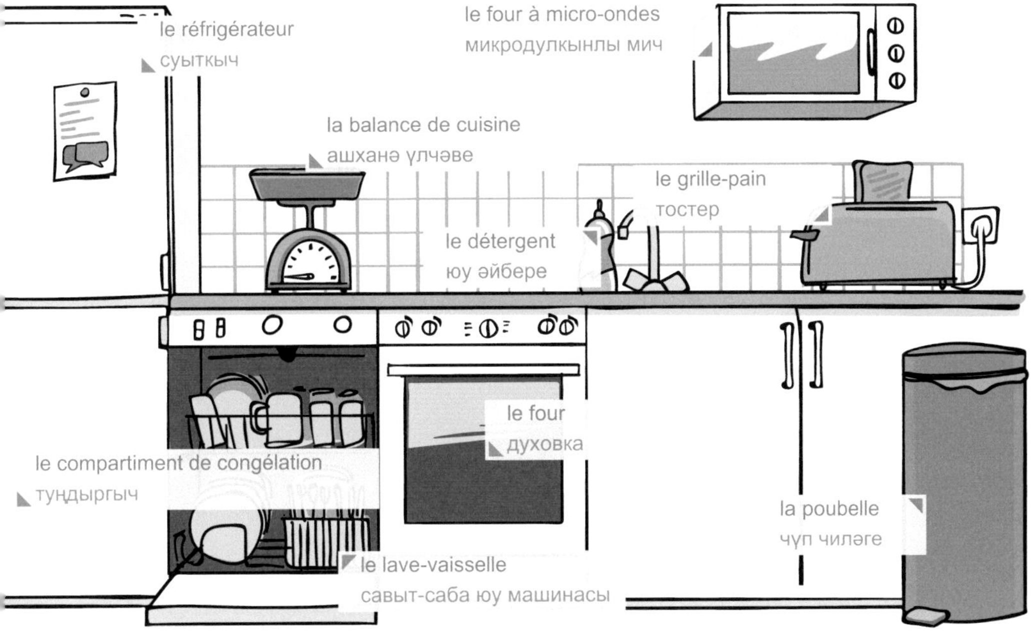

le réfrigérateur
суыткыч

le four à micro-ondes
микродулкынлы мич

la balance de cuisine
ашханә үлчәве

le détergent
юу әйбере

le grille-pain
тостер

le compartiment de congélation
туңдыргыч

le four
духовка

la poubelle
чүп чиләге

le lave-vaisselle
савыт-саба юу машинасы

la cuisinière

плитә

la marmite

кәстрүл

la cocotte en fonte

чуен казан

le wok/kadai

вок / казан

la poêle

таба

la bouilloire

чәйнек

le cuiseur à vapeur

парда пешергеч

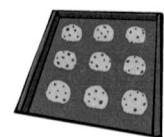

la plaque à patisserie

калай таба

la vaisselle

савыт-саба

la grande tasse

кружка

le bol

җамаяк

les baguettes

таякчык

la louche

аш чүмече

la spatule

лопатка

le fouet

туглауыч

la passoire

иләк

le tamis

иләк

la râpe

кыргыч

le mortier

төйгеч

le barbecue

гриль

le foyer

учак

la planche à découper

такта

le rouleau à pâtisserie

уклау

le tire-bouchon

бөке суыргыч

la boîte à conserves

калай банк

l'ouvre-boîte

консерв ачу өчен пычак

la mitaine de four

элэктергеч

l'évier

раковина

la brosse

щётка

l'éponge

губка

le mélangeur

миксер

le congélateur

туңдыру камерасы

le biberon

ашату өчен шешә

le robinet

кран

la cuisine - аш бүлмәсе

# la salle de bains
## ванна бүлмәсе

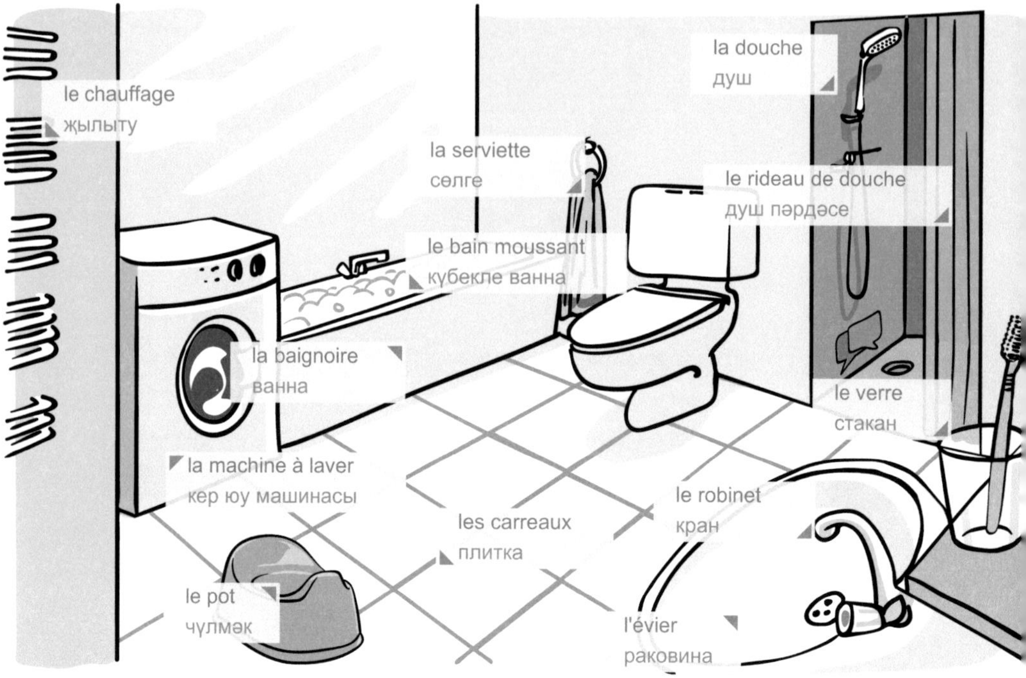

- la douche — душ
- le chauffage — җылыту
- la serviette — сөлге
- le rideau de douche — душ пәрдәсе
- le bain moussant — күбекле ванна
- la baignoire — ванна
- le verre — стакан
- la machine à laver — кер юу машинасы
- les carreaux — плитка
- le robinet — кран
- le pot — чүлмәк
- l'évier — раковина

la toilette
бәдрәф

la toilette turque
унитаз

le bidet
биде

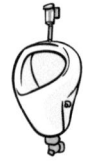

l'urinoir
писсуар

le papier hygiénique
бәдрәф кәгазе

la brosse à toilette
керпе кебек чистарткыч

la brosse à dents
теш щеткасы

le dentifrice
теш пастасы

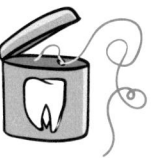
la soie dentaire
теш җебе

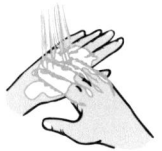
laver
юу

la douchette
кул душы

la douche vaginale
душ

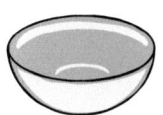
la cuvette
оча сөяге

la brosse pour le dos
аврка өчен щетка

le savon
сабын

le gel douche
душ өчен гель

le shampooing
шампунь

la débarbouillette
мунчала

le drain
агым

la crème
крем

le déodorant
дезодорант

la salle de bains - ванна бүлмәсе

le miroir
көзге

le miroir à main
кул көзгесе

le rasoir
пәке

la mousse à raser
кырыну өчен күбек

l'après-rasage
Кырынаганнан соң
кулланыла торган лосьон

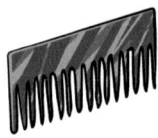
le peigne
тарак

la brosse
щётка

le sèche-cheveux
фен

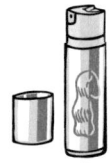
la laque
чәчләр лагы

le maquillage
косметика

le rouge à lèvres
ирен буявы

le vernis à ongles
тырнаклар лагы

l'ouate
мамык

les ciseaux à ongles
маникюр кайчысы

le parfum
хушбуй

la salle de bains - ванна бүлмәсе

la trousse de toilette
косметика савыты

le tabouret
урындык

le pèse-personne
үлчәү

le peignoir
халат

les gants de caoutchouc
резин перчаткалар

le tampon
тампон

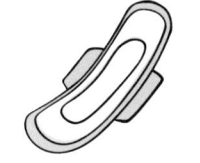
les serviettes hygiéniques
гигиена җәймәсе

la toilette chimique
биотуалет

# la chambre d'enfant
## балалар бүлмәсе

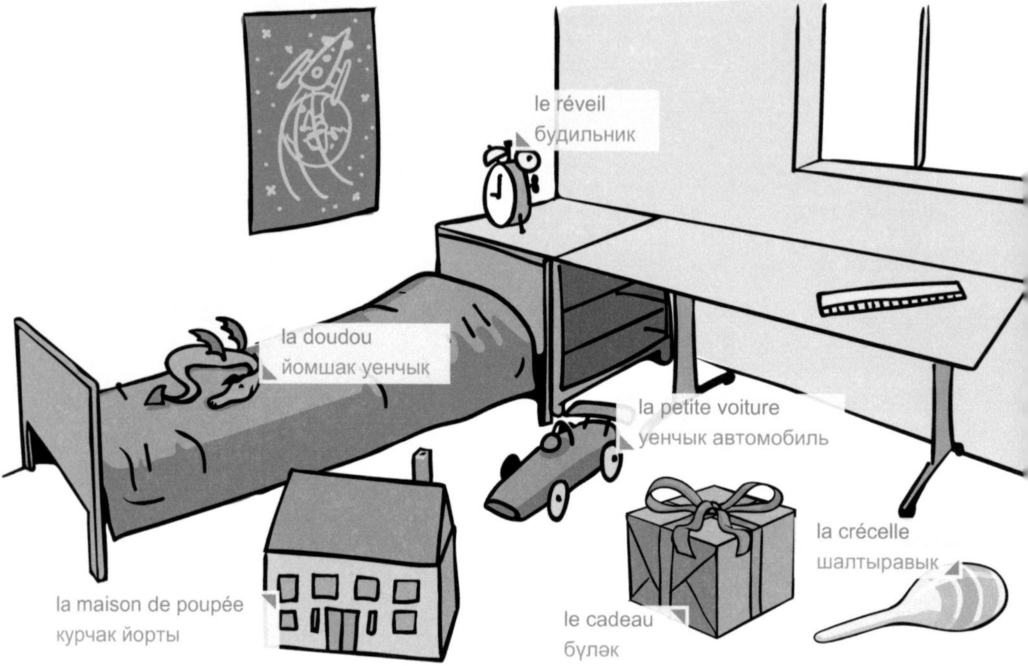

le réveil
будильник

la doudou
йомшак уенчык

la petite voiture
уенчык автомобиль

la crécelle
шалтыравык

la maison de poupée
курчак йорты

le cadeau
бүләк

le ballon

һава шары

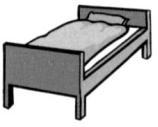

le lit

кароват

le landau

балалар коляскасы

le jeu de cartes

кәрт уены

le casse-tête

пазл

la bande dessinée

комикс

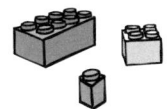

les blocs LEGO

Лего кирпечекләре

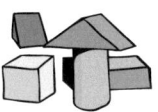

le jeu de briques

шакмак

la figurine articulée

уенчык

la dormeuse

ползунки

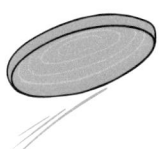

le disque volant

фрисби

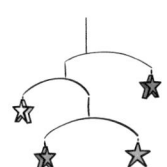

le mobile

мобиль

le jeu de société

өстәл уены

le dé

шакмак

l'ensemble de modèles de train

тимер юл моделе

le mannequin

имезлек

la fête

кичә

le livre d'images

рәсемнәр белән бизәлгән китап

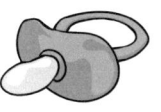

la balle

туп

la poupée

курчак

jouer

уйнау

la chambre d'enfant - балалар бүлмәсе

le bac à sable

комлык

la balançoire

таган

les jouets

уенчык

la console de jeu vidéo

уен приставкасы

le tricycle

өч көпчәкле велосипед

l'ours en peluche

плюш аю

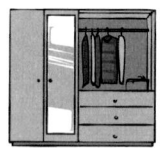

la garde-robe

кием-салым шкафы

## les vêtements
## кием

les chaussettes

оекбаш

les bas

оек

le collant

колготки

l'écharpe
шарф

le parapluie
зонт

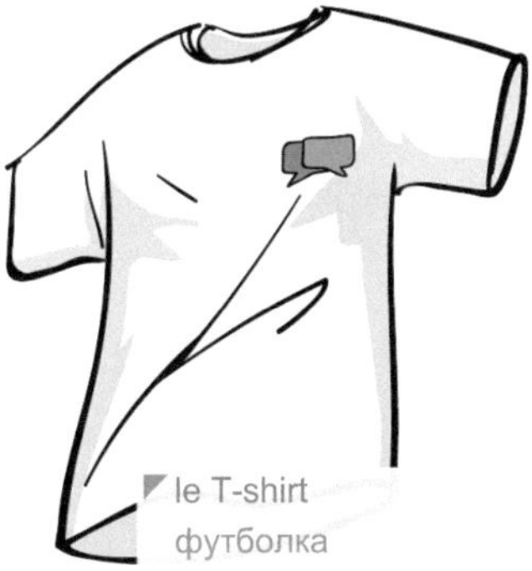

le T-shirt
футболка

la ceinture
каеш

les bottes
итек

les pantoufles
тапки

les chaussures de sport
кроссовки

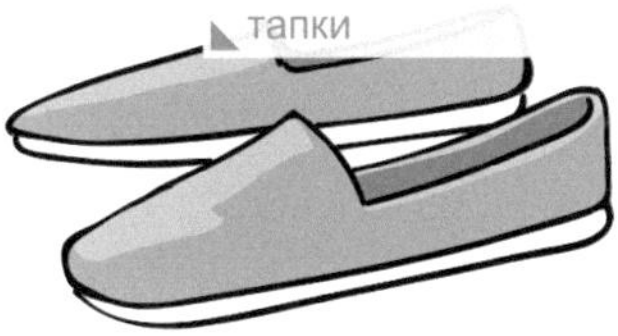

les sandales

сандаллар

les souliers

ботинкалар

les bottes de caoutchouc

резин итекләр

les sous-vêtements

трусик

le soutien-gorge

бюстгальтер

le gilet

майка

les vêtements - кием

le body

боди

le pantalon

чалбар

le jean

джинсы

la jupe

итәк

le chemisier

блузка

la chemise

күлмәк

le chandail

свитер

le chandail à capuche

свитер

le blazer

спорт курткасы

la veste

жакет

le manteau

пәлтә

le manteau de pluie

плащ

le complet

костюм

la robe

күлмәк

la robe de mariée

туй күлмәге

le tailleur

ирләр костюмы

la chemise de nuit

төнге эчке күлмәк

le pyjama

пижама

le sari

сари

le foulard

яулык

le turban

чалма

la burqa

пәрәнҗә

le cafetan

кафтан

l'abaya

абайя

le maillot de bain

коену костюмы

le maillot short

плавки

la culotte courte

шорт

le survêtement

спорт костюмы

le tablier

алъяпкыч

les mitaines

перчаткалар

les vêtements - кием

47

le bouton

төймә

les lunettes

күзлек

le bracelet

беләзек

le collier

чылбыр

la bague

балдак

la boucle d'oreille

алка

la tuque

бүрек

le cintre

элгеч

le chapeau

эшләпә

la cravate

галстук

la fermeture à glissière

молния каптырмасы

le casque

каска

les bretelles

подтяжка

l'uniforme scolaire

мәктәп формасы

l'uniforme

форма

les vêtements - кием

le bavoir

балалар күкрәкчәсе

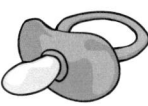

le mannequin

имезлек

la couche

подгузник

## le bureau
## офис

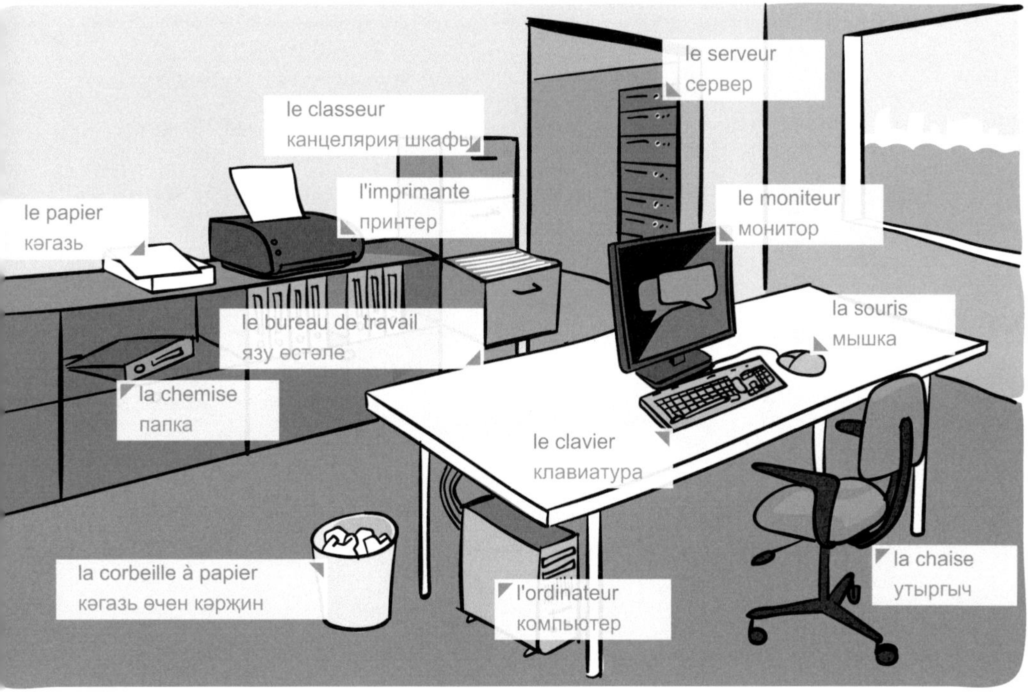

le serveur — сервер

le classeur — канцелярия шкафы

l'imprimante — принтер

le papier — кәгазь

le moniteur — монитор

le bureau de travail — язу өстәле

la souris — мышка

la chemise — папка

le clavier — клавиатура

la corbeille à papier — кәгазь өчен кәрҗин

l'ordinateur — компьютер

la chaise — утыргыч

la grande tasse à café

кофе кружкасы

la calculatrice

калькулятор

l'Internet

интернет

l'ordinateur portable

ноутбук

la lettre

хат

le message

хәбәр

le téléphone cellulaire

кесә телефоны

le réseau

челтәр

le photocopieur

ксерокс

le logiciel

программа

le téléphone

телефон

la prise de courant

розетка

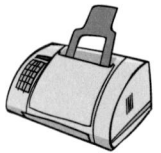

le télécopieur

факс

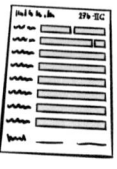

le formulaire

формуляр

le document

документ

le bureau - офис

# l'économie
# икътисад

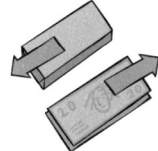

acheter

сатып алу

payer

түләү

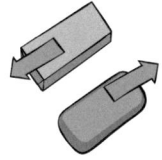

commercer

сәүдә

l'argent

акча

le dollar

доллар

l'euro

евро

le yen

иена

le rouble

сум

le franc suisse

франк

le renminbi yuan

жэньминьби юань

la roupie

рупия

le distributeur de billets

банкомат

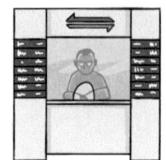

le bureau de change

валюта алмаштыру пункты

l'or

алтын

l'argent

көмеш

le pétrole

җир мае

l'énergie

энергия

le prix

бәя

le contrat

килешү

la taxe

салым

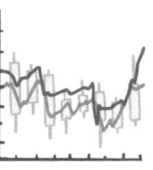

les actions

акция

travailler

эш

l'employé

эшче

l'employeur

эш бирүче

l'usine

фабрика

le magasin

кибет

# les professions
# профессиялэр

l'agent de police
полицейский

le pompier
янгын сүндерүче

le cuisinier
пешекче

le pilote
очучы

le docteur
табиб

le jardinier

бакчачы

le charpentier

агач остасы

le couturier

тегүче

le juge

хаким

le pharmacien

химик

l'acteur

актер

le chauffeur d'autobus
автобус йөртүче

le chauffeur de taxi
таксист

le pêcheur
балыкчы

la femme de ménage
җыештыручы хатын

le couvreur
түбә ябучы

le serveur
официант

le chasseur
аучы

le peintre
рәссам

le boulanger
пешекче

l'électricien
электрик

le constructeur de bâtiments
төзүче

l'ingénieur
инженер

le boucher
итче

le plombier
сантехник

le facteur
хат ташучы

le soldat

солдат

l'architecte

архитектор

le caissier

кассир

le fleuriste

чәчәкче

le coiffeur

парикмахер

le chef de train

кондуктор

le mécanicien

механик

le capitaine

капитан

le dentiste

теш табибы

le scientifique

галим

le rabbin

раввин

l'imam

имам

le moine

монах

l'ecclésiastique

рухани

les professions - профессиялəр

# les outils
## кораллар

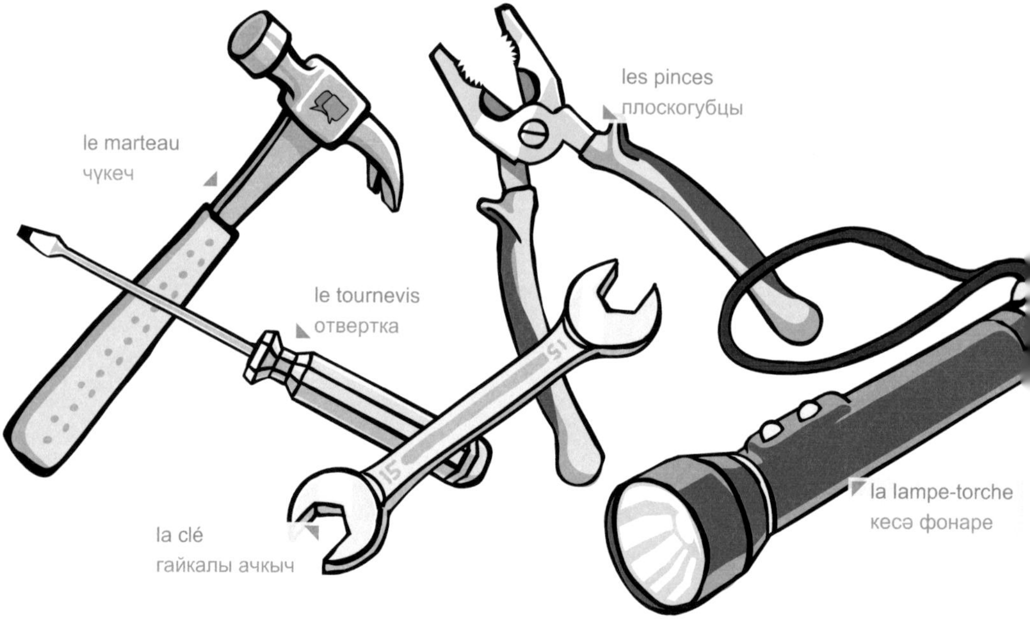

le marteau
чүкеч

les pinces
плоскогубцы

le tournevis
отвертка

la lampe-torche
кесә фонаре

la clé
гайкалы ачкыч

l'excavatrice

экскаватор

la boîte à outils

инструментлар өчен тартма

l'échelle

баскыч

la scie

пычкы

les clous

кадаклар

la perceuse

дрель

réparer
төзәту

la pelle
көрәк

Tabarnouche !
Шайтан алгыры!

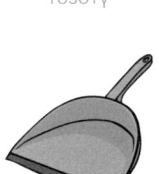
la pelle à poussière
соскы

le pot de peinture
савытлы буяу

les vis
винтлар

## les instruments de musique
### музыкаль инструментлар

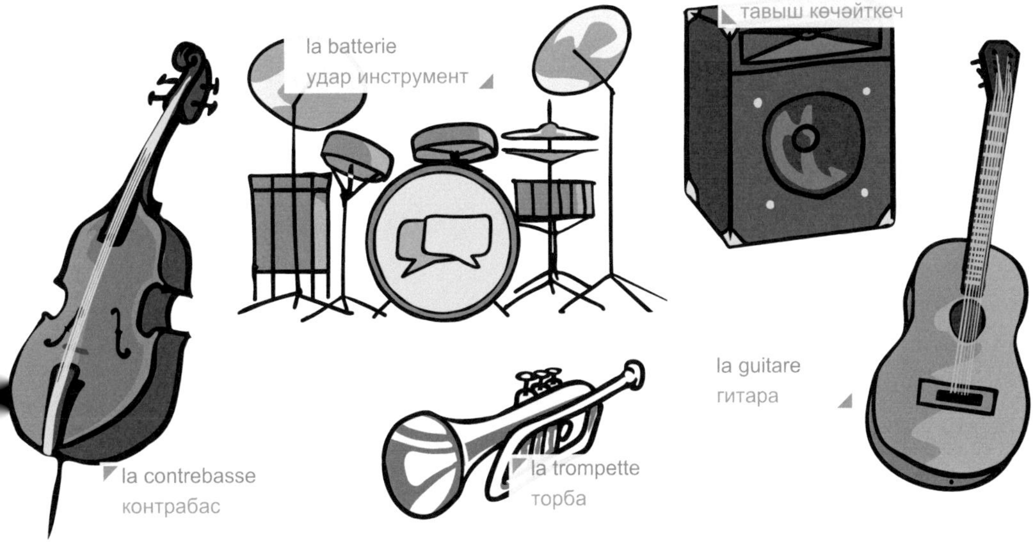

la batterie
удар инструмент

le haut-parleur
тавыш көчәйткеч

la guitare
гитара

la contrebasse
контрабас

la trompette
торба

le piano

пианино

le violon

скрипка

la basse

бас-гитара

les timbales

литавра

le tambour

барабан

le synthétiseur

синтезатор

le saxophone

саксофон

la flûte

флейта

le microphone

микрофон

les instruments de musique - музыкаль инструментлар

# le zoo
# зоопарк

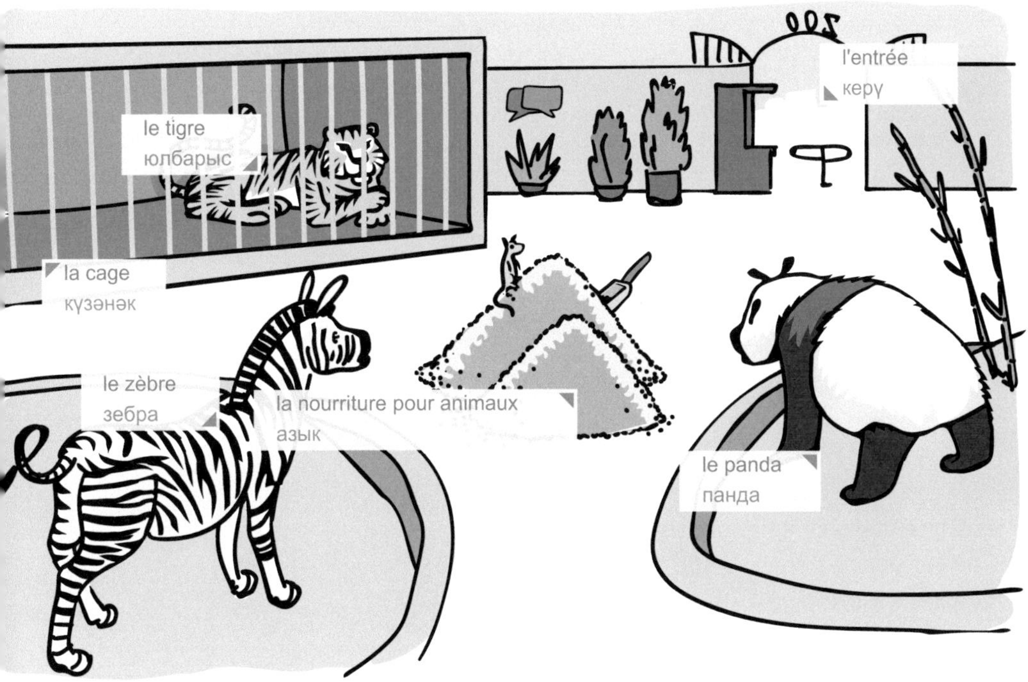

- l'entrée — керү
- le tigre — юлбарыс
- la cage — күзәнәк
- le zèbre — зебра
- la nourriture pour animaux — азык
- le panda — панда

les animaux

хайваннар

l'éléphant

фил

le kangourou

көнгерә

le rhinocéros

мөгезборын

le gorille

горилла

l'ours

аю

le chameau

дөя

l'autruche

тәвә кошы

le lion

арыслан

le singe

маймыл

le flamand rose

фламинго

le perroquet

тутый кош

l'ours polaire

ак аю

le pingouin

пингвин

le requin

акула

le paon

тавис

le serpent

елан

le crocodile

крокодил

le gardien de zoo

зоопарк хезмәткәре

le phoque

тюлень

le jaguar

ягуар

le poney

пони

le léopard

каплан

l'hippopotame

су үгезе

la girafe

жираф

l'aigle

бөркет

le sanglier

кабан дуңгызы

le poisson

балык

la tortue

ташбака

le morse

морж

le renard

төлке

la gazelle

газәл

le zoo - зоопарк

# les sports
## спорт төрләре

# les activités
## хәрәкәт

avoir
үзеңдә булдыру

faire
эшләү

être
булу

être debout
басып тору

courir
йөгерү

tirer
тарту

jeter
ташлау

tomber
егылу

s'allonger
яту

attendre
көтү

porter
йөртү

s'asseoir
утыру

s'habiller
кию

dormir
йоклау

se réveiller
уяну

les activités - хәрәкәт

regarder

карау

pleurer

елау

caresser

үтекләү

peigner

тарау

parler

әйтү

comprendre

аңлау

demander

сорау

écouter

тыңлау

boire

эчү

manger

ашау

ranger

тәртипкә китерү

aimer

сөю

cuisiner

әзерләү

conduire

машинада бару

voler

очу

les activités - хәрәкәт

faire de la voile
Җилкәндә йөрү

calculer
исәпләү

lire
уку

apprendre
уку

travailler
эш

se marier
никахлашу

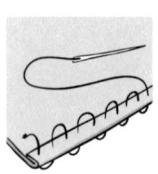
coudre
тегү

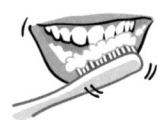
brosser les dents
тешләрне чистарту

tuer
үтерү

fumer
тәмәке тарту

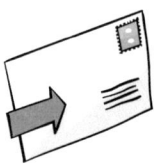
envoyer
җибәрү

les activités - хәрәкәт

# la famille
## гаилә

la grand-mère — әби
le grand-père — бабай
le père — әти
la mère — әни
le bébé — сабый
la fille — кыз
le fils — ул

l'invité — кунак

la tante — түти

l'oncle — абый

le frère — кардәш

la sœur — апа

# le corps
## тән

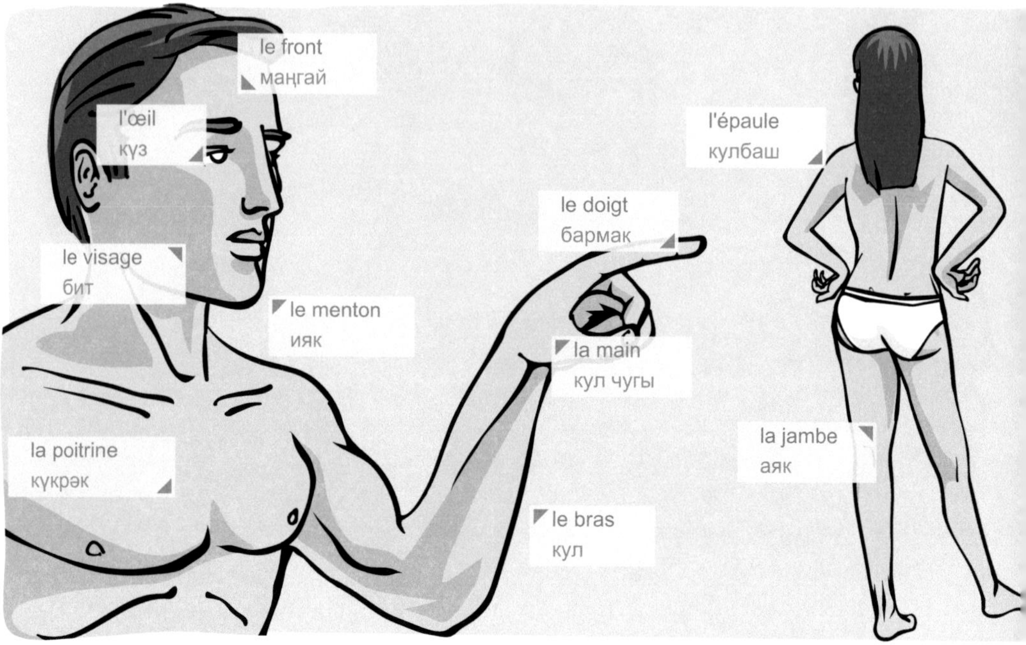

- le front — маңгай
- l'œil — күз
- le visage — бит
- le menton — ияк
- la poitrine — күкрәк
- le doigt — бармак
- la main — кул чугы
- le bras — кул
- l'épaule — кулбаш
- la jambe — аяк

le bébé
сабый

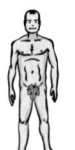

l'homme
ир

la femme
хатын

la fille
кыз

le garçon
малай

la tête
баш

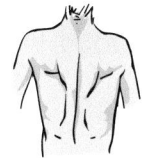

le dos

арка

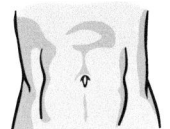

le ventre

эч

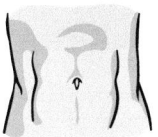

le nombril

кендек

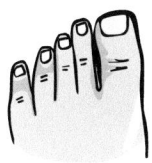

l'orteil

аяк бармагы

le talon

үкчә

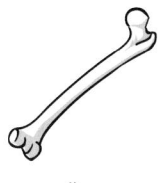

l'os

сөяк

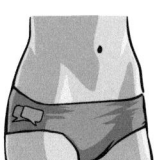

la hanche

бот

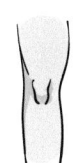

le genou

тез

le coude

терсәк

le nez

борын

le derrière

арт сан

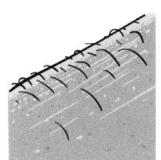

la peau

тире

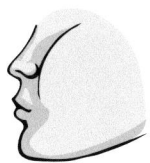

la joue

яңак

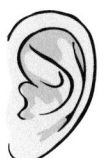

l'oreille

колак

la lèvre

ирен

le corps - тән

| | | |
|---|---|---|
|  | 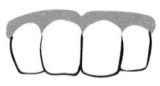 | 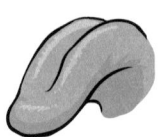 |
| la bouche | la dent | la langue |
| авыз | теш | тел |
|  | 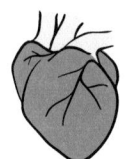 |  |
| le cerveau | le cœur | le muscle |
| ми | йөрәк | мускул |
| 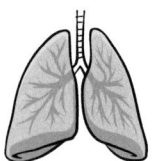 |  | 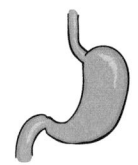 |
| les poumons | le foie | l'estomac |
| үпкәләр | бавыр | ашказан |
| 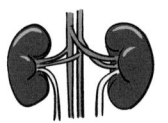 |  |  |
| les reins | le rapport sexuel | le condom |
| бөерләр | җенси акт | презерватив |
| 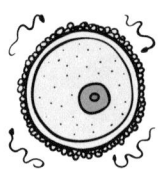 |  |  |
| l'ovule | le sperme | la grossesse |
| күкәйлек | сперма | көмәнлек |

le corps - тән

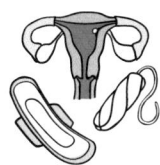

la menstruation

күрем

le vagin

вагина

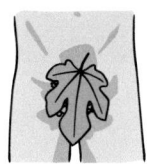

le pénis

пенис

le sourcil

каш

les cheveux

чәчләр

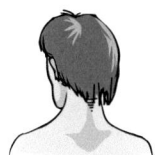

le cou

муен

le corps - тән

# l'hôpital
## хастаханә

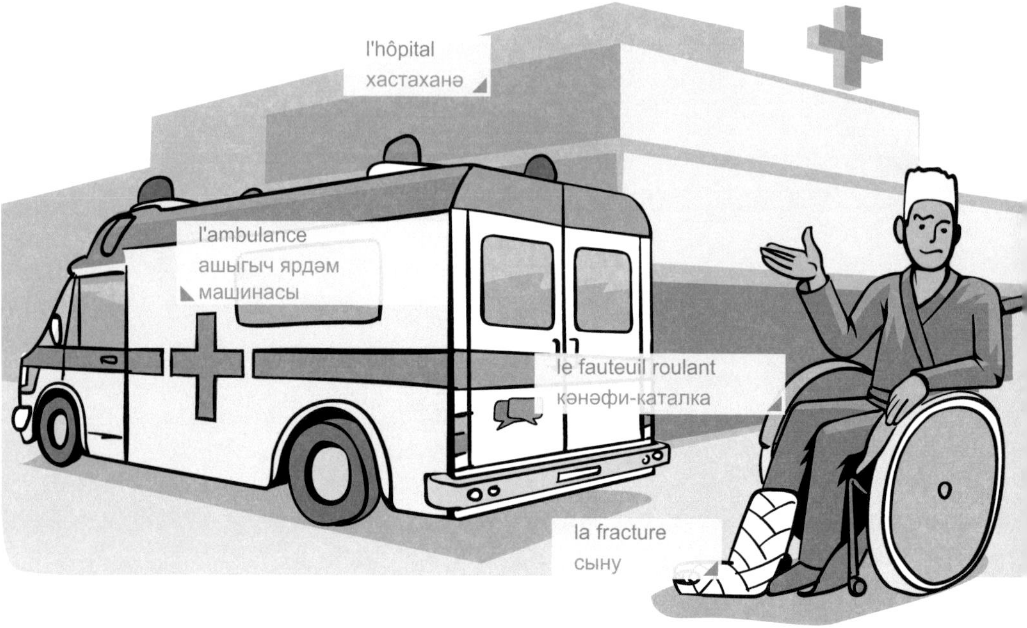

- l'hôpital — хастаханә
- l'ambulance — ашыгыч ярдәм машинасы
- le fauteuil roulant — кәнәфи-каталка
- la fracture — сыну

le docteur
табиб

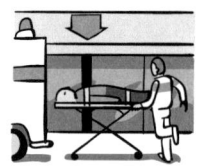

la salle des urgences
беренче ярдәм пункты

l'infirmier
шәфкать туташы

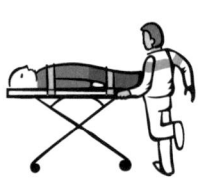

l'urgence
кичектергесез хәл

inconscient
аңсыз

la douleur
авырту

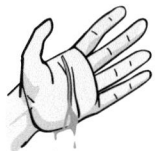
la blessure
зыян килү

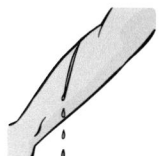
le saignement
кан агу

la crise cardiaque
инфаркт

l'AVC
инсульт

l'allergie
аллергия

la toux
ютәл

la fièvre
югары температура

la grippe
грипп

la diarrhée
эч киту

le mal de tête
баш авырту

le cancer
кысла

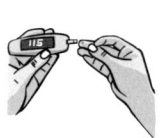
le diabète
диабет

le chirurgien
хирург

le scalpel
скальпель

l'opération
операция

l'hôpital - хастаханә

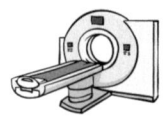
la tomodensitométrie
КТ

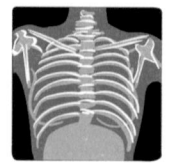
la radiographie
рентген

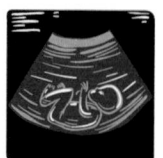
l'ultrason
ультратавыш

le masque
битлек

la maladie
авыру

la salle d'attente
кабул итү бүлмәсе

la béquille
култык таягы

le sparadrap
пластырь

le bandage
бинт

l'injection
укол кадау

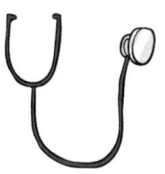
le stéthoscope
стетоскоп

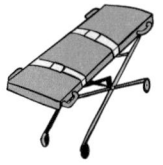
le brancard
носилки

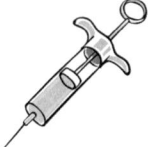
le thermomètre médical
термометр

l'accouchement
туу

l'excès de poids
артык авырлык

l'hôpital - хастаханә

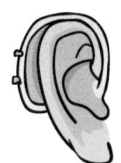

l'appareil auditif

колак аппараты

le désinfectant

йогышсызландыру чарасы

l'infection

инфекция

le virus

вирус

le VIH/ le sida

ВИЧ / СПИД

le médicament

дару

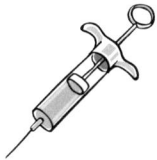

la vaccination

прививка

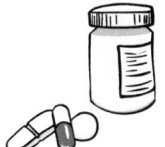

les comprimés

таблеткалар

la pilule

балага узмас өчен таблетка

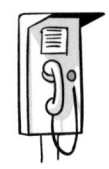

l'appel d'urgence

ашыгыч чакыру

le tensiomètre

кан басымын үлчәү өчен прибор

malade / en bonne santé

авыру / сәламәт

l'hôpital - хастаханә

# l'urgence
## кичектергесез хәл

Au secours !
Ярдәм итегез!

l'alarme
тревога сигналы

l'assaut
һөҗүм иту

l'attaque
һөҗүм

le danger
куркыныч

la sortie de secours
запас чыгу урыны

Au feu!
Янгын!

l'extincteur
ут сүндергеч

l'accident
каза

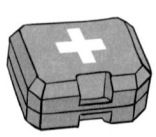
la trousse de premiers soins
даруханә

SOS
SOS

la police
полиция

# la Terre
# җир

l'Europe
Европа

l'Amérique du Nord
Төньяк Америка

l'Amérique du Sud
Көньяк Америка

l'Afrique
Африка

l'Asie
Азия

l'Australie
Австралия

l'océan Atlantique
Атлантик океан

l'océan Pacifique
Тын океан

l'océan Indien
Һинд океаны

l'océan Antarctique
Антарктик океан

l'océan Arctique
Төньяк Боз океаны

le Pôle Nord
Төньяк полюс

le Pôle Sud
Көньяк полюс

l'Antarctique
Антарктика

la Terre
җир

la terre
коры җир

la mer
диңгез

l'île
утрау

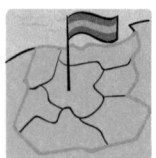
la nation
милләт

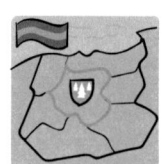
l'État
дәүләт

# l'heure
## сәгать

le cadran
сәгать циферблаты

l'aiguille des heures
сәгать угы

l'aiguille des minutes
минут угы

l'aiguille des secondes
секунд угы

Quelle heure est-il ?
Әле сәгать ничә?

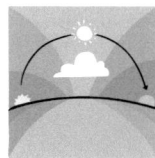
le jour
көн

le temps
вакыт

maintenant
хәзер

la montre à affichage numérique
электрон сәгать

la minute
минут

l'heure
сәгать

# la semaine
## атна

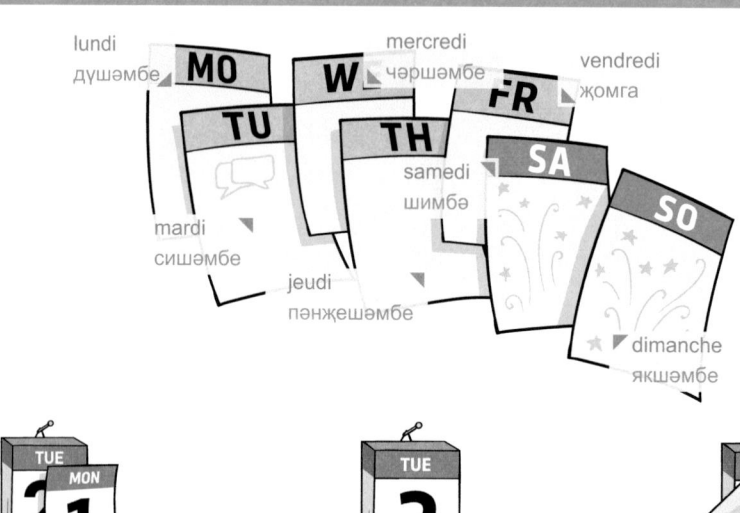

lundi
дүшәмбе

mardi
сишәмбе

mercredi
чәршәмбе

jeudi
пәнҗешәмбе

vendredi
җомга

samedi
шимбә

dimanche
якшәмбе

hier

кичә

aujourd'hui

бүген

demain

иртәгә

le matin

иртә

le midi

төш

le soir

кич

les jours ouvrables

эш көннәре

la fin de semaine

ял көннәре

# l'année
# ел

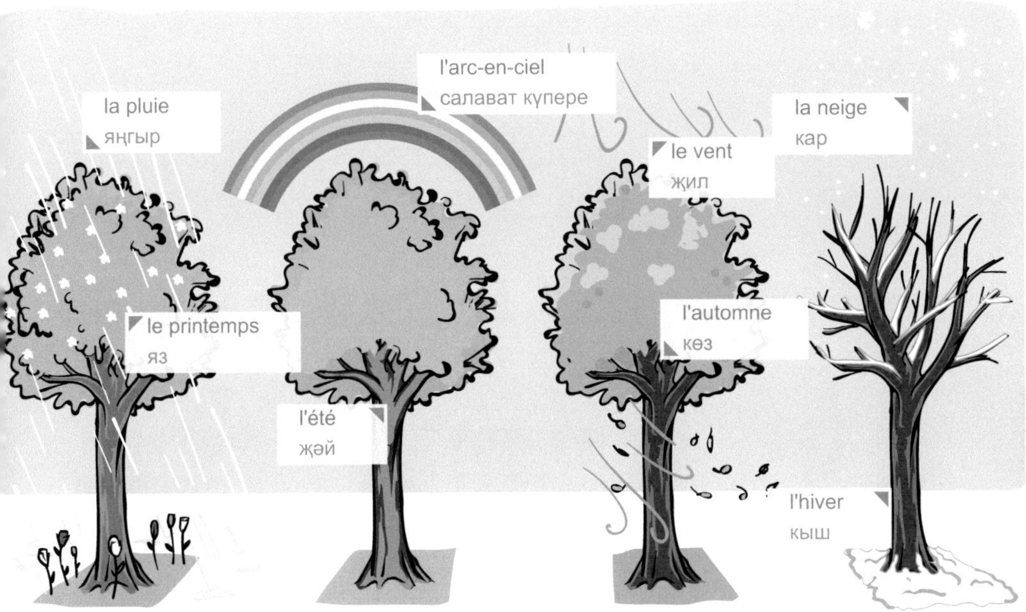

la pluie
яңгыр

l'arc-en-ciel
салават күпере

la neige
кар

le vent
җил

le printemps
яз

l'été
җәй

l'automne
көз

l'hiver
кыш

les prévisions
météorologiques

һава торышы

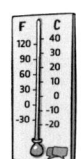

le thermomètre

термометр

les rayons du soleil

кояш яктысы

le nuage

болыт

le brouillard

томан

l'humidité

дымлылык

la foudre

яшен

le tonnerre

күк күкрәү

la tempête

давыл

la grêle

боз

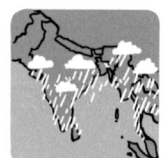

la mousson

муссон

l'inondation

су басу

la glace

боз

janvier

гыйнвар

février

февраль

mars

март

avril

апрель

mai

май

juin

июнь

juillet

июль

août

август

l'année - ел

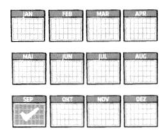

septembre

сентябрь

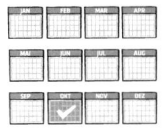

octobre

октябрь

novembre

ноябрь

décembre

декабрь

## les formes
## формалар

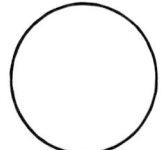

le cercle

божра

le carré

квадрат

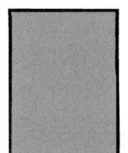

le rectangle

турыпочмак

le triangle

өчпочмак

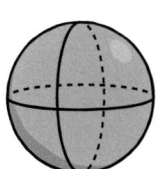

la sphère

шар

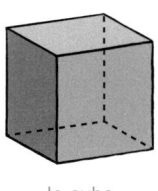

le cube

куб

# les couleurs
## төсләр

blanc

ак

jaune

сары

orange

кызгылт сары

rose

ал

rouge

кызыл

violet

шәмәхә

bleu

зәңгәр

vert

яшел

marron

көрән

gris

соры

noir

кара

# les opposés
## капма-каршылыклар

beaucoup / un peu

күп / аз

en colère / calme

усал / тыныч

beau / laid

матур / ямьсез

le début / la fin

башы / ахыры

grand / petit

зур / кечкенә

lumineux / sombre

якты / караңгы

le frère / la sœur

абый / эне

propre / sale

чиста / пычрак

complet / incomplet

тулы / тулы түгел

le jour / la nuit

көн / төн

mort / vivant

үле / тере

large / étroit

киң / тар

comestible / non comestible

ашарга яраклы / ашарга яраксыз

méchant / gentil

явыз / яхшы

être enthousiaste / s'ennuyer

дулкынланган / сагынган

gros / mince

юан / ябык

le premier / le dernier

башта / азакта

l'ami / l'ennemi

дус / дошман

plein / vide

тулы / буш

dur / mou

каты / йомшак

lourd / léger

авыр / җиңел

faim / soif

ачлык / сусау

malade / en bonne santé

авыру / сәламәт

illégal / légal

хокуксыз / хокуклы

intelligent / stupide

акыллы / акылсыз

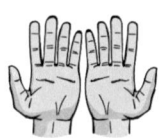

gauche / droite

сулдан / уңнан

proche / loin

якын / ерак

les opposés - капма-каршылыклар

neuf / usagé

яңа / тотылган

rien / quelque chose

бер нәрсә дә / нәрсәдер

vieux / jeune

өлкән / яшь

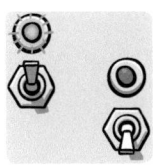

marche / arrêt

тоташтырылган / сүндерелгән

ouvert / fermé

ачык / ябык

calme / bruyant

әкрен / кычкырып

riche / pauvre

бай / ярлы

correct / incorrect

дөрес / дөрес түгел

rugueux / lisse

кытыршы / шома

triste / heureux

моңсу / бәхетле

court / long

кыска / озын

lent / rapide

җай / тиз

mouillé / sec

дымлы / коры

chaud / froid

җылы / салкын

la guerre / la paix

сугыш / тынычлык

# les nombres
## саннар

**0** zéro — ноль

**1** un — бер

**2** deux — ике

**3** trois — өч

**4** quatre — дүрт

**5** cinq — биш

**6** six — алты

**7** sept — җиде

**8** huit — сигез

**9** neuf — тугыз

**10** dix — ун

**11** onze — унбер

**12** douze / унике

**13** treize / унеч

**14** quatorze / ундүрт

**15** quinze / унбиш

**16** seize / уналты

**17** dix-sept / унҗиде

**18** dix-huit / унсигез

**19** dix-neuf / унтугыз

**20** vingt / егерме

**100** cent / йөз

**1.000** mille / мең

**1.000.000** le million / миллион

les nombres - саннар

# les langues
## теллəр

l'anglais

инглизчə

l'anglais américain

американча инглиз

le chinois mandarin

мандаринча Кытай

le hindi

һинди

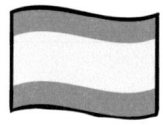

l'espagnol

испан

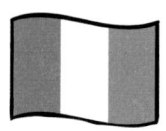

le français

француз

l'arabe

гарəп

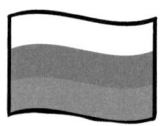

le russe

рус

le portugais

португал

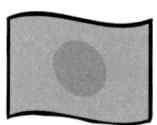

le bengali

бенгал

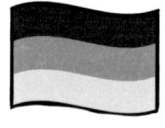

l'allemand

алман

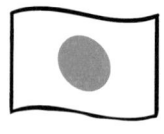

le japonais

япон

# qui / quoi / comment
# кем / нәрсә / ничек

je
мин

tu
син

il / elle / ce, c', cela
ул / ул / ул

nous
без

vous
сез

ils / elles
алар

qui ?
кем?

quoi ?
нәрсә?

comment ?
ничек?

où ?
кайда?

quand ?
кайчан?

le nom
исем

# où
## кайда

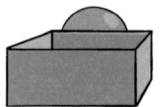

derrière

артта

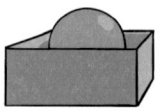

dans

эчендә

devant

алда

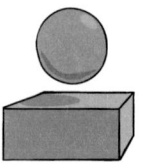

au-dessus

өстендә

sur

өстенә

en dessous

астында

à côté de

янәшә

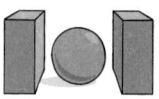

entre

арасында

l'endroit

урын